MANDALAS AZTECAS

MANDALAS AZTECAS

Ilustraciones
María de Lourdes Guzmán Muñoz

LAROUSSE

Los grandes prodigios y fuerzas
de la naturaleza están encarnados
en seres de inmensa divinidad que aterran
y asombran a los hombres.

Y como deidades eternas e invisibles
de la creación, el devenir y el cambio
que son, han de ser temidos
y reverenciados por igual.

DIOSES

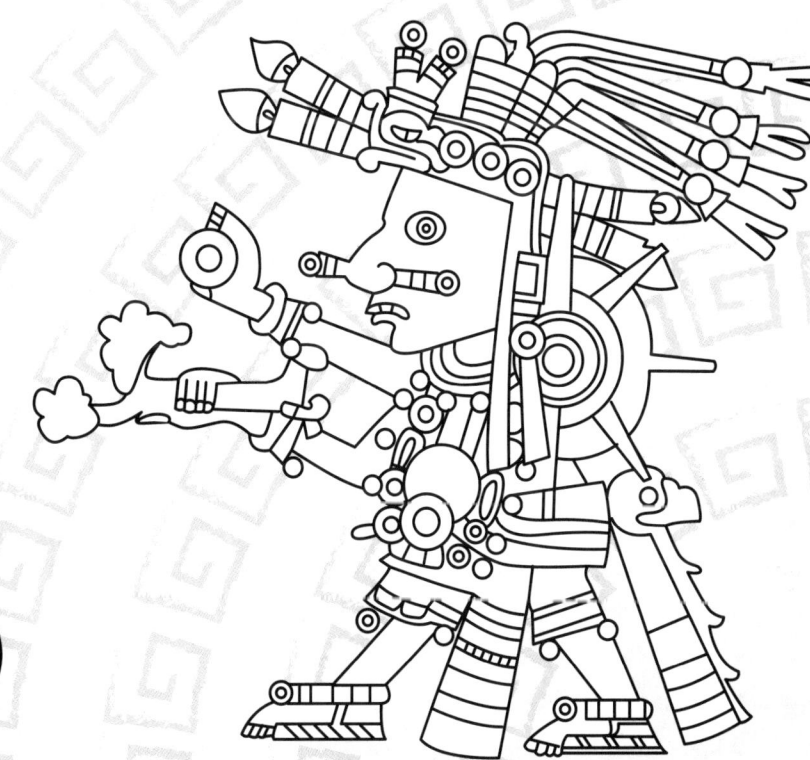

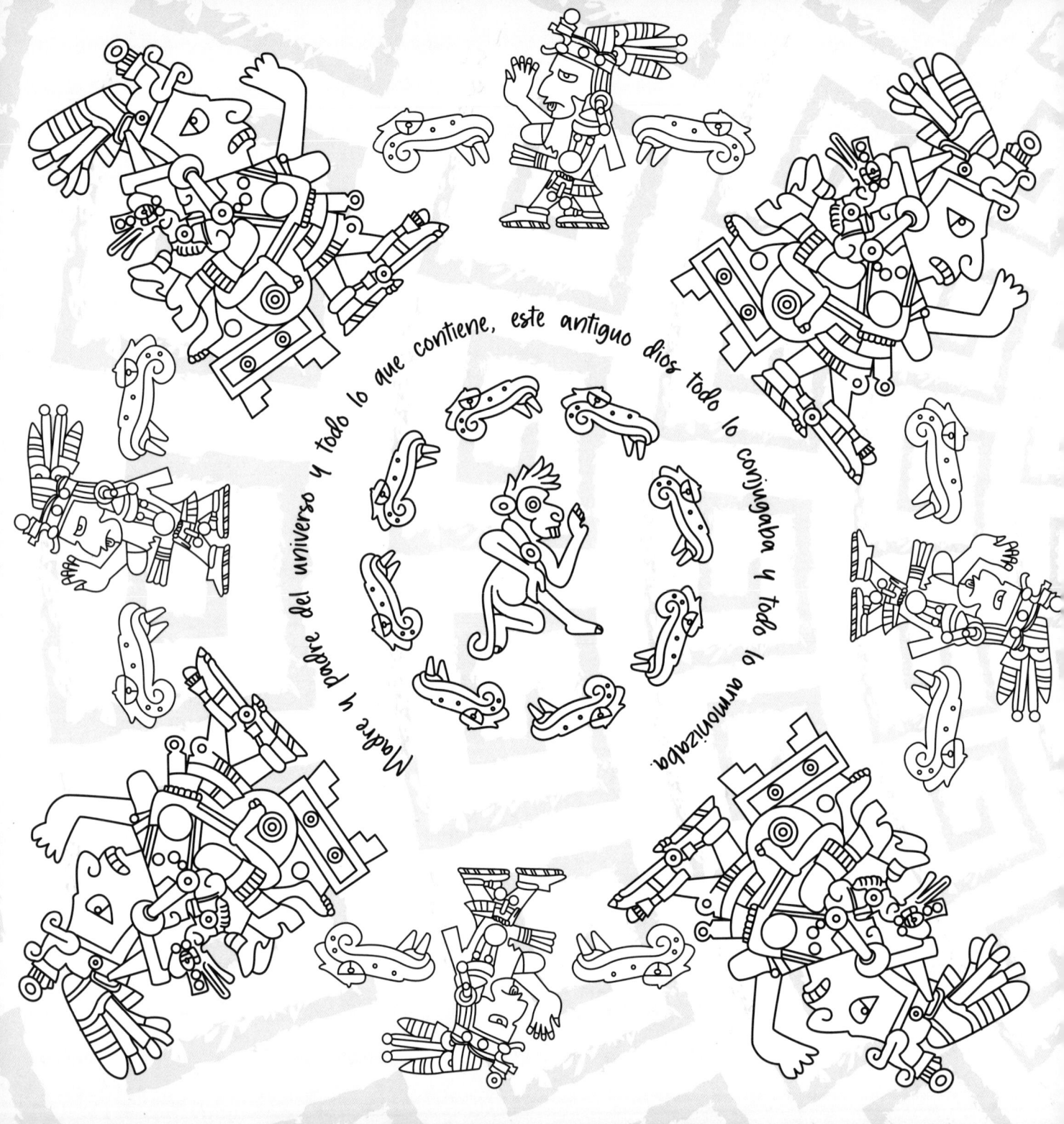

Madre y padre del universo y todo lo que contiene, este antiguo dios todo lo conjugaba y todo lo armonizaba.

Deidad dual, masculino y femenino, es el hacedor y creador de todas las cosas y de todos los bienes.

OMETÉOTL

Los aztecas son el pueblo elegido de esta belicosa deidad y preservar con sangre el orden cósmico es su responsabilidad.

Dios de la guerra, el gran
destructor de pueblos que
en batalla es como el fuego
vivo que todo lo abrasa.

HUITZILOPOCHTLI

Dios invisible de la providencia y la oscuridad. Entrega tanto riquezas y prosperidad, como guerras y desgracias a su entero capricho y voluntad.

TEZCATLIPOCA

QUETZALCÓATL,

la serpiente emplumada, es el señor de los vientos y portador
de la luz, el conocimiento y la civilización.

El dios Tláloc, dador de lluvias, es el máximo proveedor de sustento para los hombres, pero también es quien desata el granizo, los rayos y los truenos.

TLÁLOC

CHALCHIUHTLICUE, contraparte femenina de Tláloc, tiene plena majestad sobre los lagos, ríos, mares y manantiales.

MICTECACÍHUATL, señor del lugar de los muertos, ejerce su soberanía sobre las almas de los fallecidos.

MICTLANTECUHTLI,

señora de la muerte, mora en la parte más profunda del inframundo y allí se encarga de resguardar los huesos de los difuntos.

LOS PARAÍSOS

La muerte, para quien la encuentra de manera natural, es un arduo proceso y sólo después de cuatro años de penosas pruebas finalmente llegaremos al **MICTLÁN**, el lugar donde habremos de reposar.

Quienes encuentran el final ahogados en el agua o alcanzados por un rayo están destinados a descansar en el **TLALOCAN,** el lugar del néctar de la tierra, paraíso regido por Tláloc y colmado de regocijos, donde no existe más que el verano y jamás hace falta la comida.

LOS PARAÍSOS

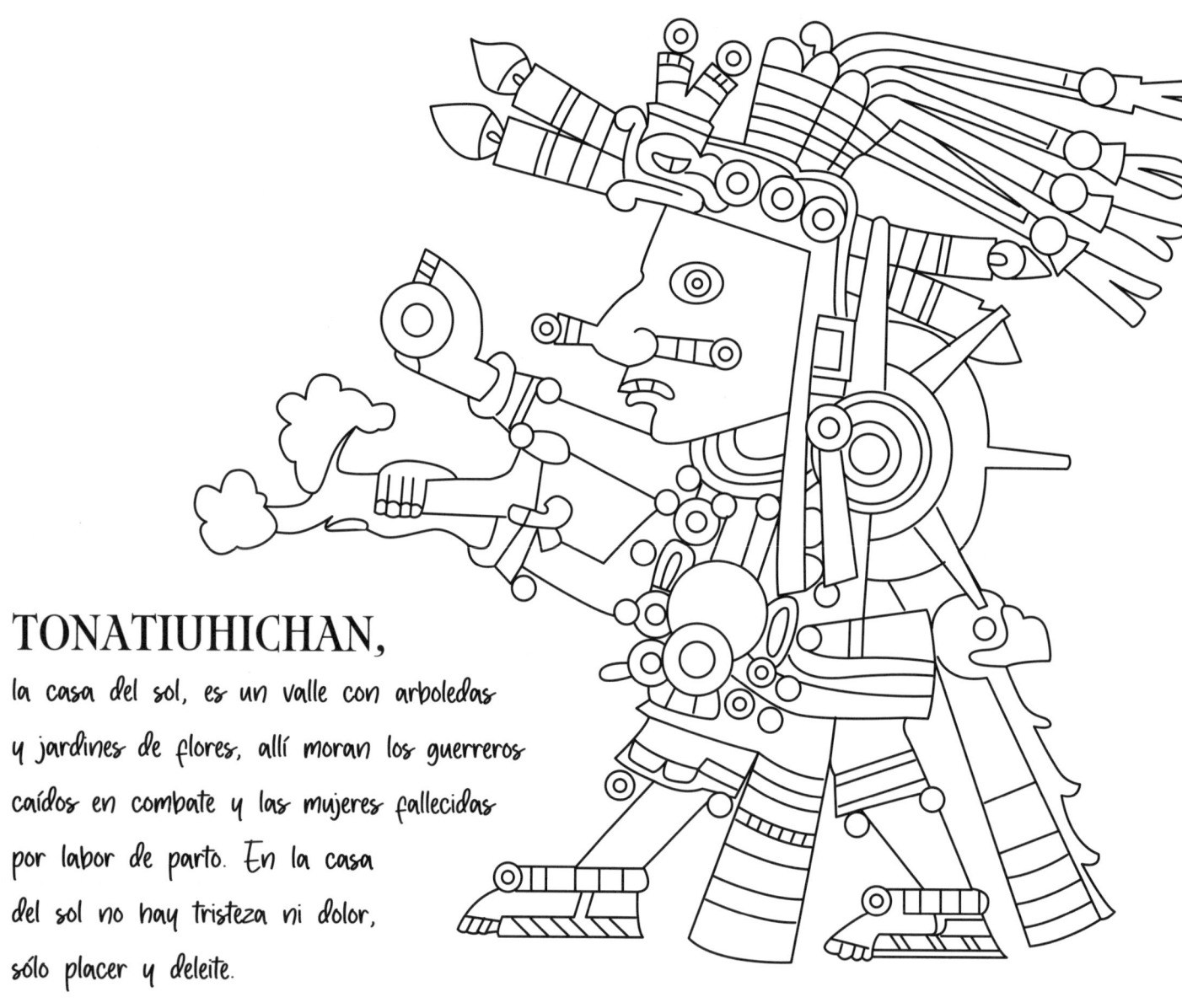

TONATIUHICHAN,

la casa del sol, es un valle con arboledas
y jardines de flores, allí moran los guerreros
caídos en combate y las mujeres fallecidas
por labor de parto. En la casa
del sol no hay tristeza ni dolor,
sólo placer y deleite.

CHICHIHUACUAUIICO,

sitio donde se recibe a los niños muertos prematuramente, en él se encuentra un gran árbol de cuyas hojas mana leche para alimentar a los infantes. Es un lugar de esperanza y seguridad donde los niños pueden nutrirse para volver a nacer algún día.

Conservamos y cuidamos la naturaleza, porque no está separada de nosotros, de ella venimos y a ella regresamos.

Como lo saben los ancianos, ya antes hubo cuatro soles, cuatro tierras, cuatro vidas.

NATURALEZA

Las cuatro fuerzas primordiales —agua, tierra, fuego y aire— presenciaron cada una de las eras hasta llegar al quinto sol, la quinta edad en la que ahora vivimos: El Sol de Movimiento.

Pero así como el Sol se mueve, también se moverá la Tierra y nuestra era algún día llegará a su fin consumida por una gran hambre.

TLALTÍCPAC es la tierra que pisamos, el plano que separa los nueve inframundos de los trece cielos, y está definida por los cuatro rumbos del mundo y sus grandes fuerzas.

Ésta, nuestra tierra, rebosante de aguas y montes,
es el lugar donde todo cambia y desaparece, donde flores,
animales y hombres nacen y mueren.

Desde el centro de la piedra del sol, TONATIUH, el quinto sol, nos observa orgulloso. En torno a él yace la memoria de sus cuatro antecesores gloriosos.

Su lengua, cuchillo de obsidiana, nos recuerda que está hambriento de corazones, alimento pactado para volver del inframundo e iluminar la Tierra desde el amanecer hasta el crepúsculo.

El estudio del firmamento en movimiento, testigo de la era en la que vivimos, está reservado a los más sabios, como un acto de comunión con la naturaleza y lo divino.

Pues en el cielo es posible reconocer diferentes deidades y la influencia que tienen sobre la tierra y la vida de los hombres, desde su nacimiento hasta su muerte.

La naturaleza y el cuerpo son todos uno mismo, por lo que la enfermedad y el padecimiento surgen del conflicto de fuerzas naturales o mágicas que han de ser puestas en equilibrio una vez más.

La tierra generosa abastece de plantas y flores capaces de sanar y de matar, sólo el conocimiento heredado nos guía hacia aquellas que fortalecen el cuerpo y alivian el alma.

Los animales, las encarnaciones más puras de fuerza, poderío y dominio, no solo acompañan al hombre en este mundo, sino que también han acompañado a los dioses y han sido sus sirvientes y mensajeros.

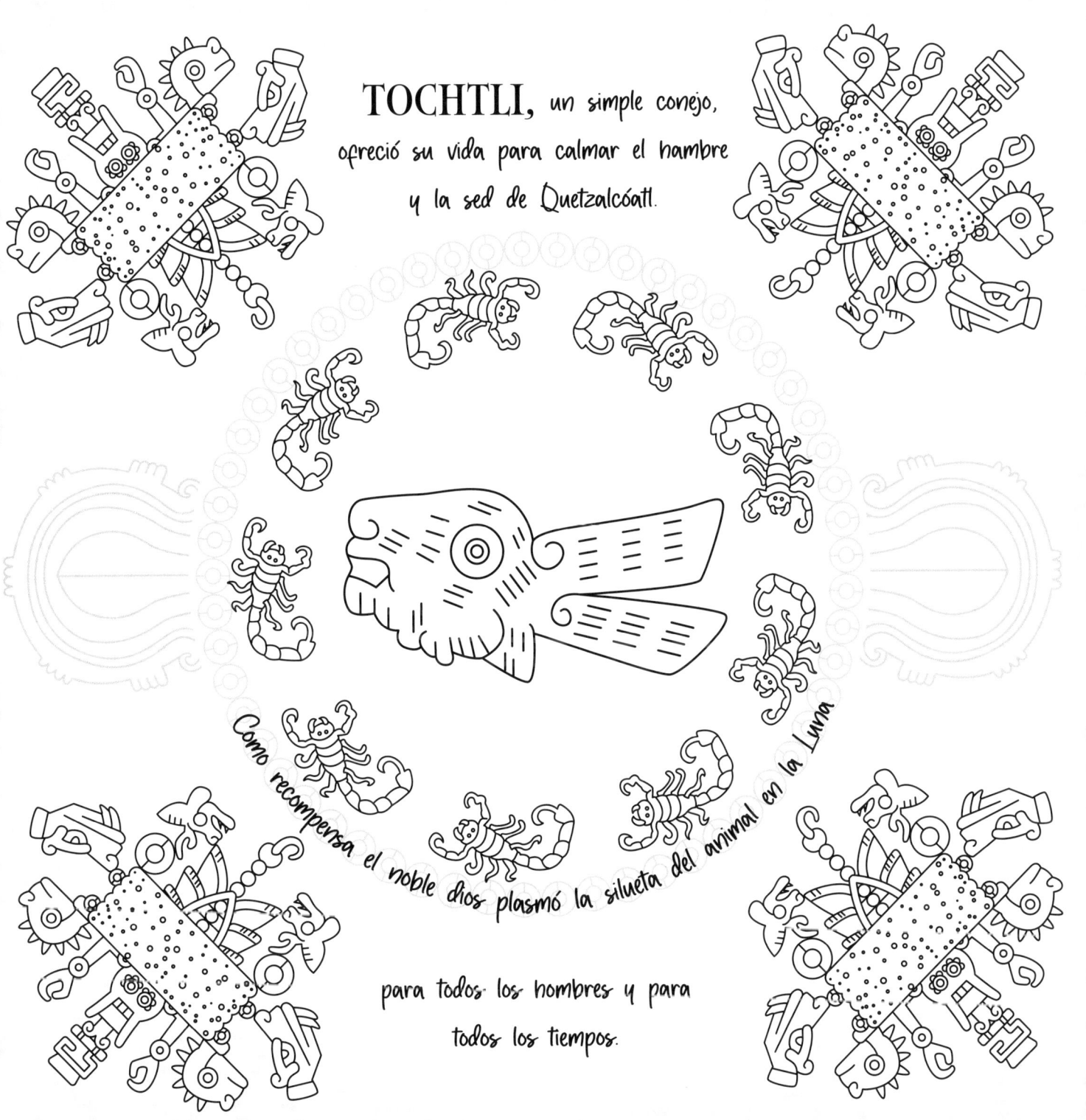

TOCHTLI, un simple conejo, ofreció su vida para calmar el hambre y la sed de Quetzalcóatl.

Como recompensa el noble dios plasmó la silueta del animal en la Luna

para todos los hombres y para todos los tiempos.

En las bellas mariposas se encuentran los muertos que visitan la tierra desde el inframundo.

Nota: La iconografía de la mariposa pertenece a la cultura tehotihuacana.

Como volvemos a este mundo con la forma de una mariposa, son por tanto símbolo divino y cósmico de nuestra propia esencia.

Al universo misterioso y hostil en el que moramos,
se le superpone otro mundo forjado
por nuestras flores y cantos, nuestros rituales.

Si acaso nuestra era ha de llegar a su fin,
debemos darle sentido a nuestra vida con doctrinas
e ideales transfigurados en elementos
tan resistentes como la piedra y el oro.

RITUALES

Tenochtitlan, ciudad floreciente y eterna,
se despliega en tan perfecta armonía

que los invasores la contemplan y creen estar inmersos en una maravillosa fantasía.

Los calendarios son reflejo de los astros y su orden divino.

TONALPOHUALLI, para contar los días;
XIUHPOHUALLI, para contar los años.

Llevamos el ordenamiento al paisaje
que nos rodeaba, a nuestras ciudades
y a nuestras construcciones, adoratorios que son
como cerros maravillosos hechos con nuestras
propias manos.

XOCHIYAÓYOTL, las guerras floridas, son batallas rituales acordadas solemnemente como un medio para tomar prisioneros y ofrecerlos como sacrificio a los dioses.

Los hombres, que por el sacrificio de los dioses recibimos la vida, debemos restituir el favor con ofrendas de sangre para preservar la existencia del sol y el orden cósmico.

Los guerreros jaguar, OCELOPILLI, soldados de élite diestros en el uso de todas las armas y técnicas marciales, eran temibles por su gran velocidad y valentía. La mera presencia de águilas y tigres podía decidir el combate.

Sólo los guerreros nobles que mostraran gran destreza y agudeza mental podían ser elegidos para aprender las finas artes de la guerra y el gobierno.

para así convertirse en

CUAUHPILLI, el guerrero águila.

El **TLACHTLI** es tanto un juego de pelota como una actividad ritual tan importante, que no existe ciudad alguna desprovista de una cancha en donde se puede ganar o perder territorios e incluso la vida.

Afiladas espinas de maguey, punzones de hueso, navajas de obsidiana,
plata e incluso oro, se usan para herir el propio cuerpo y obtener
la valiosa sangre, alimento de los dioses.

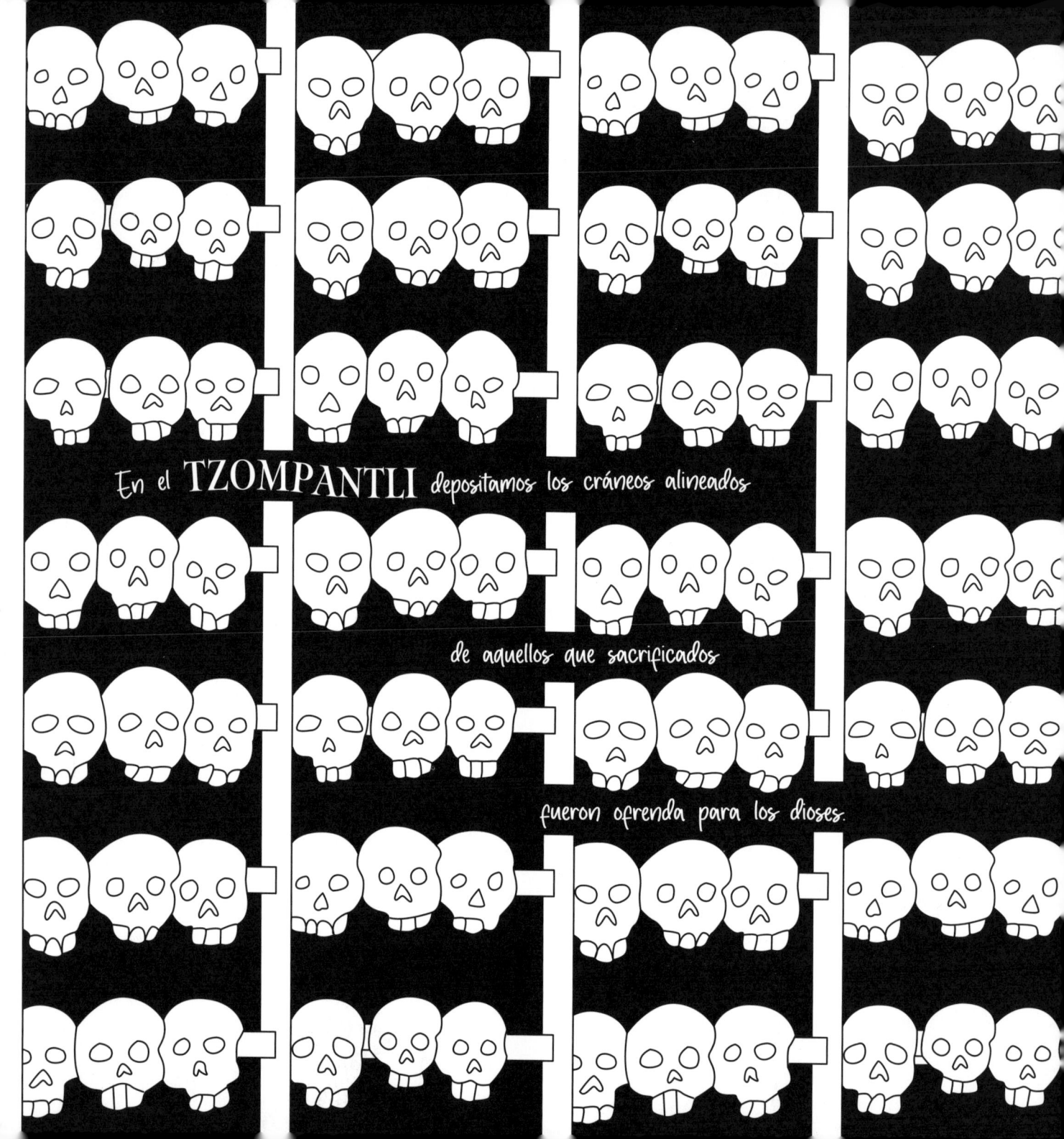

En el **TZOMPANTLI** depositamos los cráneos alineados

de aquellos que sacrificados

fueron ofrenda para los dioses.

Cuando morimos, nuestros cuerpos son alimento de las llamas y junto a nuestras cenizas son enterrados comida y agua como provisiones para el duro viaje al inframundo.

El ideal de forjar rostros sabios y corazones firmes
por medio de una continuada evolución creadora
es lo que otorga el verdadero sentido a la vida.

Sin estimación por la historia
y la tradición en el corazón de la gente,
parece imposible seguir viviendo.

SABIDURÍA

HUEHUETLATOLLI es la palabra y la plática de los sabios ancianos

con la que inculcan tradiciones y siembran en el corazón de los jóvenes las semillas de grandes ideales.

La palabra convertida en legado espiritual es una herencia tan valiosa que los más grandes gobernantes son conocidos como **HUEI TLATOANI,** el gran orador.

IN XÓCHITL, IN CUÍCATL, flor y canto, es la palabra hecha poesía y arte; quizás el único medio capaz de arraigar al hombre en la Tierra y el único lenguaje para hablar con el dador de la vida.

Pues nuestros sabios sostienen: aquí en la Tierra parece que todo es como un sueño, pero sueño o no, esta vida tiene sentido si en ella hay palabras, flores y cantos.

En el **CALMÉCAC** los jóvenes nobles aprenden los cantos puestos en pintura sobre el lienzo de papel y sobre la piel del venado. Aprenden también tácticas militares y sobre el gobierno de su pueblo.

Los **TLAMATINIME**, los hombres sabios conocedores de poesías, los que debaten sobre la existencia con el afán de llegar a conocer la verdad, comparten sus enseñanzas en el calmécac.

Los hijos del pueblo son educados en el **TELPOCHCALLI** donde han de reparar los templos y trabajar la tierra, también aprenden a alabar a los dioses y a pelear con armas para la guerra.

ITOLOCA, lo que se transmite de boca en boca, es la forma más antigua de preservar el conocimiento del pasado, es el testimonio de antiguos pueblos, de tradiciones, de hombres y de dioses.

El testimonio del tiempo y la historia se guarda también en códices o amoxtli, pintados con tinta negra y roja para cuando la memoria de los hombres no fuera suficiente.

AMOXCALLI, gran casa donde los sabios resguardan los inmensos conocimientos de los libros.

Desde tiempos muy antiguos, nuestros abuelos,
ya fueran guerreros águila, jaguar o simples plebeyos,
jugaron **PATOLLI,** invocando antes a sus dioses
con la esperanza de triunfar en él.

La vida, cantaban también nuestros abuelos, es como ese juego en el que todos participamos tirando nuestra suerte esperando ganar, hasta el día en que se acaba para siempre.

Bibliografía

De Sahagún, Bernardino, *Historia general de las cosas de Nueva España*, Tomo I, México, 1829.

Díaz del Castillo, Bernal, *Historia verdadera de la conquista de la Nueva España.* Aparato de variantes, 1568.

Glantz, Margo, "Ciudad y escritura: la ciudad de México en las cartas de relación de Hernán Cortés" en *Hispamérica*, año XIX, agosto-diciembre 1990, núms. 56-57, pp. 165-17.

Lagunas Rodríguez, Zaid, "Formas de autosacrificio", tomado de "El uso ritual del cuerpo en el México prehispánico", *Arqueología Mexicana*, núm. 65, pp. 42-47.

León-Portilla, Miguel, *Los antiguos mexicanos a través de sus crónicas y cantares,* Fondo de Cultura Económica, Primera edición electrónica 2010.

Ritual y Sacrificio, Sala 2, Museo del Templo Mayor, CDMX, México.

Velasco Lozano, Ana María L., "Dioses y naturaleza", *Arqueología Mexicana*, número 57, pp. 34-35.

Códice Borbónico

Códice Borgia

Códice de la Cruz-Badiano

Códice Fejérvary-Mayer

Códice Florentino

Códice Magliabecchiano

Códice Mendocino

Códice Ramírez

Códice Ríos

Códice Telleriano

Códice Tonalámatl Aubin

Códice Tudela

Códice Vaticano

Codice Veitya

Edición original

Dirección editorial
Tomás García Cerezo

Gerencia editorial
Jorge Ramírez Chávez

Coordinación editorial
Graciela Iniestra Ramírez

Edición
Daniela Rico Straffon

Redacción
Marco Antonio Vergara Salgado

Ilustración
María de Lourdes Guzmán Muñoz

Diseño y formación
Julio Alejandro Serrano Calzado

Diseño de portada
Nice Montaño Kunze

Revisión técnica
Pablo Alberto Mumary Farto
Doctor en Estudios Mesoamericanos
Investigador en el Centro de Estudios Mayas del Instituto
de Investigaciones Filológicas de la UNAM

Coordinación de salida
Jesús Salas Pérez

Edición española

Dirección editorial
Jordi Induráin Pons

Edición
Emili López Tossas

Adaptación de interiores
Marc Escarmís Arasa

Adaptación de cubierta
José María Díaz de Mendívil Pérez

© Ediciones Larousse, S.A. de C.V. (México), 2022
© Larousse Editorial, 2024
Bac de Roda, 64, 1.ª planta, local B, 08019 Barcelona
www.larousse.es - clientes@grupoanaya.com

Primera edición: mayo 2024
ISBN: 978-84-10124-38-7
Depósito legal: B-4958-2024
1E11

PAPEL DE FIBRA
CERTIFICADA

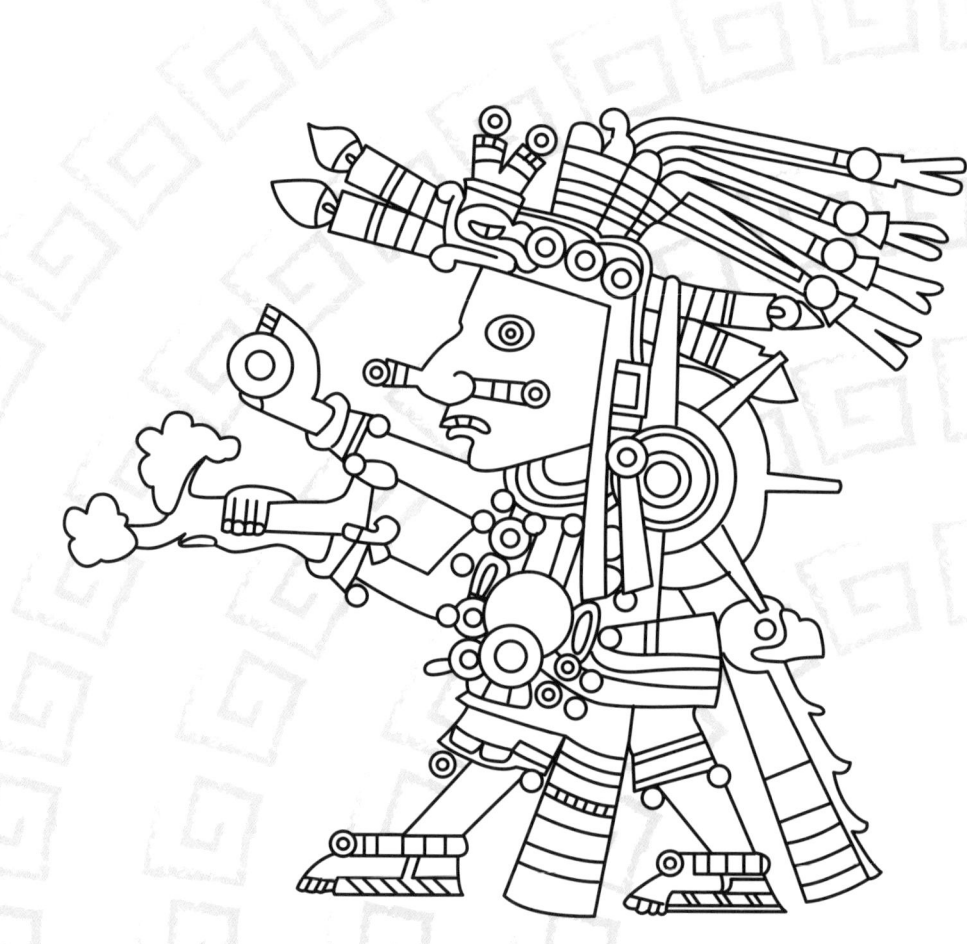